Inhalt

Flüchtige Organische Verbindungen (VOC) - Neue Vorschriften ab 2007

Kernthesen

Beitrag

Fallbeispiele

Weiterführende Literatur

Impressum

GENIOS WirtschaftsWissen Nr. 10/2006 vom 05.10.2006

Flüchtige Organische Verbindungen (VOC) - Neue Vorschriften ab 2007

I.Zeilhofer-Ficker

Kernthesen

- Flüchtige organische Verbindungen spielen für die Bildung von giftigem, bodennahem Ozon und dem damit verbundenen Sommersmog eine gewichtige Rolle.
- Die Bundesrepublik hat sich verpflichtet, die VOC-Emissionen bis zum Jahr 2010 auf 995 Kilotonnen pro Jahr zu verringern.
- Dies soll durch die Bestimmungen der 31. Bundesimmissionsschutz-Verordnung sowie die Lösemittelhaltige Farben- und

Lackverordnung (ChemVOCFarbV) erreicht werden.
- Demnach dürfen ab 2007 nur noch Farben, Lacke und ähnliche Produkte produziert werden, die strengen Lösemittelgrenzwerten entsprechen.

Beitrag

Die gesundheitsschädlichen Auswirkungen von bodennahem Ozon sind uns durch die Warnungen vor Sommersmog bekannt. Dass flüchtige organische Stoffe meist Lösemittel für die Ozonbildung eine wichtige Rolle spielen, wissen nur Wenige. Neue Vorschriften sollen ab 2007 die Emission von VOCs wesentlich verringern.

Flüchtige Organische Verbindungen als Lösemittel weit verbreitet

Flüchtige organische Verbindungen (Volatile Organic Compounds = VOC) finden sich als Lösemittel in den meisten gebräuchlichen Farben, Anstrichen und Lacken sowie in Reinigungs- und

Desinfektionsmitteln, Klebstoffen, Entwicklerflüssigkeiten und in vielen anderen Gebrauchsmaterialien. Diese organischen Lösungsmittel sind kohlenstoffhaltige Stoffe, die schon bei niedrigen Temperaturen als Gase vorliegen, also leicht verdampfen bzw. flüchtig sind. (1), (www.wikipedia.de)

Kaum bekannt ist, dass diese VOCs bei der Entstehung des Sommersmogs als Vorläufersubstanzen von bodennahem Ozon eine wichtige Rolle spielen und so zur Luftverschmutzung beitragen. Das Reizgas Ozon sowie die bei seiner Bildung entstehenden Nebenprodukte sind für ihre gesundheitsschädlichen Auswirkungen bekannt. An Tagen mit hohen Sommersmog-Werten kann es zu Reizungen von Atemwegen, Schleimhäuten und Augen kommen und die Anfälligkeit gegenüber Erregern aller Art erhöht sich oftmals. Außerdem wird dem toxischen Ozongas eine krebserregende sowie Lungen schädigende Wirkung zugeschrieben. (2), (3), (www.umweltbundesamt.de/uba-info-daten/daten/sommersmog.htm)

Ziel Verringerung von VOCs

Die negativen Auswirkungen von flüchtigen

organischen Stoffen auf die Luftreinheit sind schon seit vielen Jahren erkannt und führten 1999 zur Unterzeichnung des Göteborg-Protokolls (auch NEC-Richtlinie von national emission ceilings), in dem sich fast alle europäischen Staaten, die USA und Kanada zur drastischen Verringerung von VOC-Emissionen (unter anderen) bis zum Jahr 2010 verpflichteten. Die Bundesrepublik Deutschland muss demnach eine Reduzierung des VOC-Ausstoßes um 69 Prozent gegenüber 1990 auf 995 Kilotonnen bis 2010 erreichen, ganz Europa darf den Wert von 6 600 Kilotonnen nicht überschreiten. (2), (http://de.wikipedia.org/wiki/Luftreinhaltung)

Obwohl in Deutschland seit 1990 bereits eine Reduzierung der VOC-Emissionen um über 50 Prozent erreicht werden konnte, kann das Göteborg-Ziel nur mit weiter gehenden Maßnahmen erreicht werden. Da über die Hälfte der flüchtigen organischen Stoffe bei der Verwendung von lösemittelhaltigen Produkten freigesetzt werden, hat man sich speziell diesen Anwendungsbereich vorgenommen und neue Richtlinien und Gesetze erlassen, über die eine weitere Reduzierung von VOC-Emissionen erzielt werden soll. (1), (www.umweltbundesamt.de/uba-info-daten/daten/sommersmog.htm)

EU-Lösemittel-Richtlinie (1999/13/EG) bzw. 31.BImSchV

In vielen Industriebetrieben werden Materialien mit flüchtigen organischen Lösemittel für Reinigungs- oder Produktionsprozesse eingesetzt. Die EU-Lösemittel-Richtlinien und die 31. BImSchV zielen auf solche Industrieanlagen ab. Für jede Anlage ist ab 2007 jährlich eine Lösemittelbilanz bzw. ein Lösemittelwirtschaftsplan zu erstellen, worin die In- und Outputmengen von Lösemitteln dokumentiert werden müssen. Je nach Mengenverbrauch pro Jahr sind zusätzlich Reduzierungspläne aufzustellen, in denen festgehalten wird, wie der Verbrauch von organischen Lösemitteln verringert werden soll. Die Einhaltung dieser Reduzierungspläne ist bindend, Sanktionen bis zur Betriebsschließung vorgesehen. Zur Erfüllung der Reduzierungspläne sind zum Beispiel der Einsatz von Alternativprodukten wie wässrige Materialien, Öle oder Wachse, die Installation von Rückgewinnungs-, Abluftreinigungs- oder Abscheideanlagen oder ähnliches Erfolg versprechende Strategien. (1), (4), (5), (6)

Decopaint-Richtlinie bzw.

ChemVOCFarbV

Über 50 Prozent der VOC-Immissionen stammen von Anstrichen, Farben und Lacken. Während die meisten Großbetriebe schon seit einiger Zeit auf lösemittelfreie oder lösemittelarme Beschichtungen umgestellt haben, sind die alternativen Farben und Lacke in kleinen und mittelgroßen Betrieben eher selten im Einsatz. Gerade diese Handwerksbetriebe sind aber die Hauptverursacher von VOCs. Denn während der Heimwerker für die Haus- oder Wohnungsrenovierung bereits zu 70 Prozent zu den umweltfreundlicheren lösemittelfreien oder armen Produkten greift, sind die Lösemittelprodukte in kleinen und mittelgroßen Fachbetrieben meist noch weit verbreitet. Speziell erwähnt sind in der Decopaint-Richtlinie auch Produkte für die Fahrzeugreparaturlackierung, die ebenfalls große Mengen an Lösemitteln frei setzen. (1), (2), (www.gesetze-im-internet.de/chemvocfarbv/index.html)

Damit die VOC-Freisetzung weiter verringert wird, schreibt die ChemVOCFarbV vor, dass ab 1. Januar 2007 nur noch Produkte hergestellt werden dürfen, die unterhalb enger Lösemittelgrenzwerte liegen. Diese Grenzwerte sind unterschiedlich je nach Art des Produktes und bewegen sich zwischen 50 und 750 g/Liter gebrauchsfertiges Produkt. Spezialprodukte für die Autoreparatur dürfen bis zu 850 g/l flüchtige organische Stoffe enthalten. Bis zum Ende des Jahres 2007 dürfen Altprodukte zwar noch abverkauft aber nicht mehr nachproduziert werden. Ab Januar 2008 dürfen nur noch VOC-konforme Produkte in den Verkehr gebracht, also verkauft werden. Zum Januar 2010 verschärfen sich die Lösemittelgrenzwerte dann noch ein zweites Mal. (1), (www.gesetze-im-internet.de/chemvocfarbv/index.html)

Fallbeispiele

Alle wichtigen Hersteller von Farben, Lacken, Anstrichen, Beschichtungen, Reinigungsmitteln und ähnlichem haben sich bereits auf die Anforderungen der VOC-Richtlinien eingestellt und bieten konforme Produktlinien an. Hier einige Beispiele:

Die Adler-Werk Lackfabrik bietet für Handwerk und Möbelindustrie ein- oder zweikomponentige Wasserlacke, die allen Normen hinsichtlich VOC-Bestandteil, chemischer und mechanischer Beständigkeit entsprechen. (7)

Die zweikomponentigen Hochleistungs-Parkett- und

Fußbodenbeschichtungen der <u>Alfred Clouth Lackfabrik</u> entsprechen den Grenzwerten und zeichnen sich durch hohe Beständigkeit und Widerstandsfähigkeit aus. (7)

Ein umfangreiches Sortiment an Treppen- und Parkettlacken bietet die <u>Heidelberger Lackfabrik</u>. Für die Serienproduktion gibt es Produktreihen, die bei verschiedensten Trocknungsverfahren eingesetzt werden können. (7), (8)

Speziell für den Autoreparaturmarkt hat die <u>BASF Coatings</u> Wasserbasislacke eingeführt, die neben einer hohen mechanischen, chemischen und physikalischen Beständigkeit eine hohe Lagerstabilität bieten. Die gebräuchlichen Spritz- und Reparaturtechniken können damit beibehalten werden. (9)

Die Firma <u>Brocolor</u> hat einen Zweikomponentenlack entwickelt, der einen Festkörperanteil von bis zu 98 Prozent erreicht. Auch dieses Material ist mit bestehenden Spritzanlagen verarbeitbar. (10)

Ein spezielles Low-Emission-Logo hat die Firma <u>DuPont</u> entwickelt, um seine VOC-konforme Produktreihe zu vermarkten. Mit dem Logo geht eine Marketinginitiative einher, mit der Lackierwerkstätten, die die Low-Emission-

Produktreihe verwenden, als umweltfreundliche und gesetzeskonforme Betriebe ausgezeichnet und entsprechend beschildert werden. (11)

Auch die Produktion von elektronischen Leiterplatten muss den VOC-Vorschriften entsprechen. Die Firma SCH Materials hat den Schutzlack Epcryl150 auf Wasserbasis entwickelt, der bereits bei einigen britischen Elektronikfirmen mit positiver Resonanz im Einsatz ist. (12)

Uni-Clean-980 heißt ein Reiniger für die Druckindustrie, der völlig VOC-frei ist. Der nicht brennbare, biologisch abbaubare Reiniger auf Wasserbasis ist von wichtigen Maschinen- und Walzenherstellern freigegeben worden. (13)

Weiterführende Literatur

(1) Umsetzung der VOC-Richtlinien Pflicht und Verantwortlichkeit
aus BM Bau- und Möbelschreiner, Heft 9, 2006, S. 76

(2) - TARIFPOLITIK Der Flächentarif in der Kritik - Eine generelle Tarifflucht ist im Kfz-Gewerbe noch nicht zu verzeichnen
aus kfz-betrieb Nr. 27 vom 05.07.2007 Seite 37

(3) O.V., Am besten nur noch ohne, Kölner

Stadtanzeiger, 14.09.2006
aus kfz-betrieb Nr. 27 vom 05.07.2007 Seite 37

(4) Plangerecht
aus Maschinenmarkt Nr. 03 vom 16.01.2006

(5) Nicht nur sauber, sondern rein - Trends bei Werkstück-Reinigungsverfahren im Oberblick
aus fertigung, Heft 1-2/2006, S. 56-58

(6) Humphries, John, For Environment Legislation 2006 is the Year of Lead-Free, but What About VOCs, EPP Elektronik Produktion & Prüftechnik, Heft 2, 2006, S. 11
aus fertigung, Heft 1-2/2006, S. 56-58

(7) Decopaint-Richtlinie Lackhersteller gut gerüstet
aus BM Bau- und Möbelschreiner, Heft 9, 2006, S. 80

(8) VOC-arme Treppenbeschichtung Mit Wasserlacken auf der sicheren Seite
aus BM Bau- und Möbelschreiner, Heft 7, 2006, S. 84

(9) Wasserbasislacke
aus Konstruktionspraxis Nr. 08 vom 21.08.2006 Seite 35

(10) 98 Prozent Festkörperanteil
aus Automobil Industrie Nr. 03 vom 03.03.2006 Seite 058

(11) Du Pont Umweltschonende Lacke
aus kfz-betrieb Nr. 25 vom 22.06.2006 Seite 072

(12) Schutzüberzug auf wässriger Basis
aus EPP Elektronik Produktion & Prüftechnik, Heft 12, 2005, S. 93

(13) Neuer Reiniger auf wässriger Basis für Zeitungsmaschinen
aus Deutscher Drucker Nr. 24 vom 10.08.2006 Seite 19

Impressum

Flüchtige Organische Verbindungen (VOC) - Neue Vorschriften ab 2007

Bibliografische Information der deutschen Nationalbibliothek

Die Deutsche Nationalbibliothek verzeichnet diese Publikation in der deutschen Nationalbibliografie; detaillierte bibliografische Daten sind im Internet über http://dnb.d-nb.de abrufbar.

ISBN: 978-3-7379-1468-0

© 2015 GBI-Genios Deutsche Wirtschaftsdatenbank GmbH, Freischützstraße 96, 81927 München, www.genios.de

Alle Rechte vorbehalten. Dieses Werk ist einschließlich aller seiner Teile – z.B. Texte, Tabellen und Grafiken - urheberrechtlich geschützt. Jede Verwertung außerhalb der Grenzen des Urheberrechtsgesetzes bedarf der vorherigen Zustimmung des Verlags. Dies gilt insbesondere auch für auszugsweise Nachdrucke, fotomechanische

Vervielfältigungen (Fotokopie/Mikroskopie), Übersetzungen, Auswertungen durch Datenbanken oder ähnliche Einrichtungen und die Einspeicherung und Verarbeitung in elektronischen Systemen.